I WALKED ON INTO THE FOREST

ANTECKNINGAR

Tua Forsström was born in 1947 in Borgå and and currently lives in Helsinki. A much acclaimed Finland-Swedish poet, she published her first book in 1972, and has won major literary honours in Sweden as well as Finland. She achieved wider recognition with her sixth collection, *Snöleopard* (Snow Leopard, 1987), notably in Sweden and in Britain, where David McDuff's translation (Bloodaxe Books, 1990) received a Poetry Book Society Translation Award. *Marianergraven* (The Mariana Trench, 1990) was followed by *Parkerna* (The Parks, 1992), which won the Swedish Academy's Finland Prize and was nominated for both the major Swedish literary award, the August Prize (rare for a Finland-Swedish writer) and for Finland's major literary award, the Finlandia Prize (now given only for prose). *Efter att ha tillbringat en natt bland hästar* (After Spending a Night Among Horses) appeared in 1997, for which she was awarded the Nordic Council Literature Prize (1998). She won the Swedish Academy's Bellman Prize in 2003 and 2018.

In 2003 she published her trilogy, *Jag studerade en gång vid en underbar fakultet* (I studied once at a wonderful faculty), whose English translation by David McDuff and Stina Katchadourian was published by Bloodaxe Books in 2006. This combines her three collections *Snow Leopard*, *The Parks* and *After Spending a Night Among Horses* with a new sequence, *Minerals*. She has since published three further collections, *Sånger* (Songs, 2006); *En kväll i oktober rodde jag ut på sjön* (2012), published in a dual language edition with David McDuff's translation as *One Evening in October I Rowed Out on the Lake* (Bloodaxe Books, 2015); and *Anteckningar* (2018), published in a dual language edition with David McDuff's translation as *I walked on into the forest: poems for a little girl* (Bloodaxe Books, 2021), a Poetry Book Society Translation Choice.

Other awards given to Tua Forsström include the Edith Södergran Prize (1991), Pro Finlandia Medal (1991), *Göteborgs-Posten*'s poetry prize (1992), Gerard Bonnier poetry prize (1993), Tollander Prize (1998) and Naim Frashëri Award (2012). She has also been nominated for the European Aristeion Prize. Her poetry has been translated into several languages, including Albanian, Danish, Dutch, English, Finnish, French, German, Hungarian, Norwegian, Serbian and Spanish.

TUA FORSSTRÖM

I walked on into the forest
poems for a little girl

Anteckningar

TRANSLATED BY
DAVID McDUFF

BLOODAXE BOOKS

ISBN: 978 1 78037 582 3

First published 2021 by
Bloodaxe Books Ltd,
Eastburn,
South Park,
Hexham,
Northumberland NE46 1BS.

First published in Swedish in 2018 as *Anteckningar*
by Förlaget, Helsingfors, Finland.

www.bloodaxebooks.com
For further information about Bloodaxe titles
please visit our website and join our mailing list
or write to the above address for a catalogue.

Supported using public funding by
**ARTS COUNCIL
ENGLAND**

FILI   This book has been published with the financial assistance of
FILI – Finnish Literature Exchange.

Cover design: Neil Astley & Pamela Robertson-Pearce.

Printed in Great Britain by Bell & Bain Limited, Glasgow, Scotland, on
acid-free paper sourced from mills with FSC chain of custody certification.

Verkligt levande för mig står egentligen bara tvättbjörnen som jag iakttog länge medan han med allvarsam uppsyn satt vid en liten bäck och om och om igen tvättade samma äppelklyfta, som hoppades han genom detta tvättande långt utöver all förnuftig grundlighet kunna undkomma härifrån där han så att säga utan eget åtgörande hade hamnat i fel värld.

W.G. SEBALD, *Austerlitz*
tr. Ulrika Wallenström

The only animal which has remained lingering in my memory is the raccoon. I watched it for a long time as it sat beside a little stream with a serious expression on its face, washing the same piece of apple over and over again, as if it hoped that all this washing, which went far beyond any reasonable thoroughness, would help it to escape the unreal world in which it had arrived, so to speak, through no fault of its own.

W.G. SEBALD, *Austerlitz*
tr. Anthea Bell

I

1

Minns du ännu när du var ett barn
och gick med oss samma väg dag efter dag?
Det var en liten fors som brusade så
starkt, och berget stupade i vattnet

2

Vi skulle gå ner till stranden och höll varandras
hand, och du var en liten flicka i klänning

1

Do you still remember when you were a child
and walked with us the same road day after day?
There was a little waterfall that roared so
loudly, and the mountain fell steep in the water

2

We were going down to the shore holding each other's
hands, and you were a little girl in a dress

3

Det finns drömmar som är genomskinligare än vatten
Du gav dig kanske av för att sova långt borta
Jag skriver de här breven till dig av snö och regn
Jag stannar kvar tills det blir kväll och
går längs stigen skuggad av alarna så som jag minns dem
Det är en avlägsen och tydlig plats

4

Flyga motströms i
forsen i varandras armar, hur lätt som helst!
Vatten strömmar över stenarna
I den klara drömmen vet vi att vi drömmer
Lättheten i vattnet
Lättheten när man går upp ur vattnet
Känslan av att sväva, jag menar verkligen sväva
Fjädrar och skal i blåsten

3

There are dreams that are more transparent than water
You left perhaps to sleep far away
I write these letters to you of snow and rain
I stay until it's evening and
walk along the path shadowed by the alders as I remember them
It's a remote and distinct place

4

To fly against the current in
the waterfall in each other's arms, as easy as anything!
Water flows over the stones
In the clear dream we know that we are dreaming
The lightness in the water
The lightness when you get up from the water
The sense of soaring, I mean really soaring
Feathers and husks in the gale

5

Simma lätt simma fjäril simma smala armar svalka
vattenfärger simma ut mot fyren älskling simma hem
simma undervatten lätt i famnen simma eskimåkyssar
vattenkyssar vattengråt simma rakt i famnen snö i ansiktet
och håret och de små blåa husen och vulkanerna kära lätta
andetag simma underbart under vattenfallet svalt längs
bottnen simma glitterstorm långsamt Reykjavik regn och
ånga som drev simma undervattenstårar röda klänning
och blått simma fjäril fjärilsflicka fjärilskyss och skratta

6

Kom tillbaka till det här rummet säger
rösten vackert, fyra tre två ett du kommer
tillbaka till det här rummet nu

5

Swim weightless swim butterfly swim coolness
slender arms water-colours swim to the lighthouse
darling swim home swim underwater weightless
holding hands swim eskimo-kisses water-kisses water-
tears swim straight into my arms snow in your face and
hair and on those little blue houses and volcanoes dear
weightless breaths swim wonderful under the waterfall cool
along the bottom swim glitter-storm slowly Reykjavik rain
and vapour that drifted swim underwater-tears red dress
and blue swim butterfly butterfly-girl butterfly-kiss and laugh

6

Come back to this room the voice
says beautifully, four three two one you're coming
back to this room now

7

Efter att vi kommit hem
sa vi Island! och skrattade och
pekade på våra kartor och broschyrer, de svarta
sluttningarna och vattnet som sprutade högt upp i luften
Du tryckte näsan mot bussfönstret och
kallade lyckligt alla berg vulkaner,

och du hade ju alldeles rätt
Marken var tunn under fötterna
Svavel och moln blåste mot ansiktet,
Atlantiska oceanen och dimman och
tusen miljoner sjöfåglar som
flög i duggregnet över vattnet

7

After we got home
we said Iceland! and laughed and
pointed to our maps and brochures, those black
slopes and the water sprayed high in the air
You pressed your nose to the bus window and
happily called all the mountains volcanoes,
and you were quite right
The ground was thin under our feet
Sulphur and cloud blew in our face,
the Atlantic ocean and the fog and
a thousand million seabirds that
flew in the drizzle over the water

8

Blinka lilla i den mörka spegel

Lilla sparv som flyger

9

Saker går sönder

Blåser allt kanske bort i

blåsten, stickor och strån

Tog du med dig resten av dagen

Känslan av köld, hunger och oförrätter

Spring inte ut i natten älskling

Man kanske glömmer sitt namn och

inte hittar tillbaka

Ta inte med dig allt

8

Twinkle Twinkle in the dark mirror
Little sparrow flying

9

Things fall apart
Perhaps it will all blow away in
the gale, sticks and straws
Did you take with you the remains of the day
The feeling of cold, hunger and injustices
Don't run out into the night darling
One may forget one's name and
not find the way back
Don't take everything with you

10

"Jag anar redan att de strax tänker resa sin väg igen till den ort någonstans i bergen där de bor nu. Jag har inte intrycket, sade Austerlitz, att vi förstår de lagar som styr det förflutnas återkomst, men mer och mer känns det som om det inte funnes någon tid överhuvudtaget utan bara olika, enligt en högre stereometri i varandra inskjutna rum mellan vilka de levande och de döda kan gå fram och tillbaka alltefter humör, och ju längre jag tänker på det, desto mer får jag för mig att vi som alltjämt befinner oss vid liv i de dödas ögon är varelser som saknar realitet och blir synliga endast ibland, under bestämda ljusförhållanden och atmosfäriska betingelser."

W.G. SEBALD, *Austerlitz*
tr. Ulrika Wallenström

10

'I suspect that they are about to set off again for the place somewhere in the mountains where they now live. It does not seem to me, Austerlitz added, that we understand the laws governing the return of the past, but I feel more and more as if time did not exist at all, only various spaces interlocking according to the rules of a higher form of stereometry, between which the living and the dead can move back and forth as they like, and the longer I think about it the more it seems to me that we who are still alive are unreal in the eyes of the dead, that only occasionally, in certain lights and atmospheric conditions, do we appear in their field of vision.'

W.G. SEBALD, *Austerlitz*
tr. Anthea Bell

11

Men vad ska jag göra med dina saker

12

Gravitationen upphör här

Jag stänger dörren mot jag vet inte

vad för slags mörker

Någon har slagit gräset och det doftar

Hjärtat är en sjö med vågor där

fotografier speglas en stund och sjunker

långsamt och återstoden av dagen

sjunker och förändrar oss förväxlar bilderna

medan de sjunker

11

But what will I do with your things

12

Gravity stops here
I shut the door on I don't know
what kind of darkness
Someone has cut the grass and it smells
The heart is a lake with waves where
photographs are reflected for a moment and
sink slowly and the remains of the day sink
slowly and change us and mix up the
pictures while they sink

13

och så orkar jag kanske inte gå upp från
stranden och du måste bära mig och du
orkar kanske inte bära mig

14

Man hamnar då i fel värld

Haren börjar springa i sicksack

Ett barn förklarar eftertänksamt hur

det är, hur det blir

Vi är båda i fel värld, men inte i samma

Barnen ska inte vara tålmodiga

Barnen ska inte förklara eftertänksamt

Barnen ska leka om dagen och sova i

hus och haren ska sova

13

and so maybe I won't be able to walk up from
the shore and you'll have to carry me and maybe
you cannot carry me

14

Then you end up in a false world
The hare starts to run in zigzags
A child explains thoughtfully how
it is, how it will be
We are both in a false world, but not in the same one
The children shouldn't be patient
The children shouldn't explain thoughtfully
The children should play in the daytime and sleep in
houses and the hare should sleep

15

Det jämna bruset från Mannerheimvägen
genom natten, räkna ett två, ett två tre fyra,
andas in, andas ut, räkna ambulanser och
får och gnistrande stjärnor och allt i världen som
försvinner bort för att bli något annat.
Jag kan inte förklara. Min kusin
berättade igår i telefon att skogen brinner igen
i södra Australien och mössen springer
undan fort på sina tassar.

15

The unbroken murmur from Mannerheim Street
through the night, count one two, one two three four,
breathe in, breathe out, count ambulances and
sheep and twinkling stars and everything in the world that
disappears in order to become something else.
I can't explain. My cousin told me
on the phone yesterday that the forest is burning again
in southern Australia and the mice are running
away quickly on their paws.

16

Som en vän vill jag inge dig
mod så som du inger mig mod, som man
går fram till någon på busshållplatsen, som drömmarna
varnar och tröstar oss
En flicka packade sin ryggsäck för att
resa till norrsken och vulkaner
Det snöar på den lilla hästen som drar
släden genom snön och kärleken
är sorgens andra sida
Någon borde hålla sin hand över alltsammans
Jag skriver till dig om de små hästarna och
att dagarna blev långa och jag handlar det gamla
vanliga i K-butiken och alla mänskor klagar över
mörkret och orkanerna och halkan och förra
sommaren när det regnade nästan varje
dag och glaciärerna smälter.

16

As a friend I want to give you
courage as you give me courage, as one
goes up to someone at the bus stop, as the dreams
warn and console us
A girl packed her rucksack to
travel to northern lights and volcanoes
It is snowing on the little horse that pulls
the sled through the snow and love
is the other side of sorrow
Someone ought to take it all in hand
I write to you about the little horses and
that the days grew long and I shop for the usual
old things at the K-market and everyone complains about
the dark and the hurricanes and the slippery sidewalks and last
summer when it rained nearly every
day and the glaciers are melting.

17

Lilla gräs
lilla kära gräs

18

Sover du, simmar du, är det natt, finns
det djur, vad vill du höra, vem ska reparera
bryggan, alla blev trötta, vem ordnar

17

Little grass
dear little grass

18

Are you sleeping, are you swimming, is it night time, are
there animals, what would you like to hear, who is going to mend
the jetty, everyone here is tired, who will put things in order

19

Jag hittade den gröna skalbaggen
på en cementerad hotellbalkong i
Bratislava. Den låg stilla hopkrupen
kring sig själv. Jag förde den i skuggan
och gav den krysantemerna jag hade fått av
arrangören och vatten att dricka ur min flaska.
Jag sa att jag överger dig inte
Det här livet och reglerna är vad vi har
Flyg iväg på dina grönskimrande
vingar, skynda dig, flyg bort

20

På bordet ligger granna kritor, sax och tejp
När hjärtat är sorgset förvandlas allt vatten i världen till tårar

19

I found the green beetle
on a concrete hotel balcony in
Bratislava. It lay quietly curled
up in itself. I brought it into the shade
and gave it the chrysanthemums I had got from
the organiser and water to drink from my bottle.
I said I won't abandon you
This life and the rules are what we have
Fly away on your green-shimmering
wings, hurry, fly away

20

On the table lie colour pencils, scissors and tape
When the heart is grieving all the water in the world turns to tears

21

Om drömmen har ett hem är det kanske
stranden här med koltrast i skuggan av
berget om kvällarna där vi håller varandras
hand och leker och är lika gamla alltid.

Jag vet inte mer. Många
fågelarter som sjunger underbart härmar andra
fågelarter och en spårvagn och mobiltelefoner som
ringer. Minns du hur vi simmade och flög

21

If the dream has a home it is perhaps
the shore here with blackbirds in the evenings
in the shadow of the mountain where we hold each
other's hands and play and are always the same age.

I don't know any more. Many
bird species that sing wonderfully mimic other
bird species and a tramcar and mobile phones
ringing. Do you remember how we swam and flew

II

Jag vill gärna rapportera:

Det är aldrig så tyst som i oktober,

skogsvägarna, de melankoliska spåren

Den halvt oläsliga skylten: Tillträde förbjudet

Privat område   Jag tror inte att du

skulle respektera det.

Ett barn skulle inte respektera det.

Jag passerar med min korg i handen, dimman,

droppar från grenarna, små klanger

Det är lysande grönt, det är aldrig så grönt!

Akustiken, ruttnande löv

och ingen vind

I would like to report:
It is never so quiet as in October,

the forest roads, the melancholy tracks
The semi–illegible sign: No Entry

Private Property   I don't think you
would respect it.

A child would not respect it.
I go past with my basket in my hand, the fog,

drops from the branches, little chimes
It is brilliantly green, it is ever so green!

The acoustics, rotting leaves
and no wind

Jag tänker på allt som är underbart
Det finns hjärta och värld, det regnar

Det finns mörker och vänlighet
Det finns tillfälligheter

Jag går över björnmossans tusentals skimrande
gröna små stjärnor, och vitmossans

skiftningar från ljusgrönt till gult till rosa som
koraller, och väggmossans tålighet

Vad är det att tycka om ett barn
Vad är det som gör att vi förändras

Jag gick längre in i skogen: rotvältan,
myrstacken, de små granarna tryckta

mot varandra, den halvt omkullfallna tallen
försilvrad, den stora stenen

I think about all that is wonderful
There are heart and world, it rains

There are darkness and kindness
There are coincidences

I walk over the hair-cap moss's thousand shimmering
little green stars, and the bog moss's

shifts from light green to yellow to pink like
corals, and the feathermoss's endurance

What is it to be fond of a child
What is it that makes us change

I walked on into the forest: the windthrow,
the anthill, the little fir trees pressed

against each other, the half-uprooted pine tree
turned to silver, the great rock

Mossan behöver inga rötter
Mossan behöver litet vatten

Jag gick längre in i skogen
och alla stenar liknade varandra

och en traktor startade, skymningen
förryckte avstånd och tid och jag drev

som molnen driver, regnet, djuren som vi tillhör men
inte känner. En högspänningslinje

drar rakt genom terrängen, något med våld
och människor, platser där något irreparabelt

har hänt   Det är aldrig så tyst, aldrig
så lysande grönt

och det finns ingen varaktig stad,
bara spåren av stövlar och vitsvanshjortarna

The moss doesn't need any roots
The moss needs a little water

I walked on into the forest
and all the rocks looked like one another

and a tractor started, the twilight
distorted distance and time and I drifted

as the clouds drift, the rain, the creatures
we belong to but don't know. A high-voltage power line

goes straight through the landscape, something to do with violence
and human beings, places where something irreparable

has happened   It is ever so quiet, ever
so brilliantly green

and there is no continuing city,
only the traces of boots and the white-tailed deer

Alla kroppar har sin glans
Alla kroppar har olika glans

och vi tar med oss kärleken dit vi går,
och jag kan inte glömma dikten om

röntgenbilden av tvillingarna med coronan.
Min svampkorg blev kvar i skogen,

och vantarna. Ibland börjar det blåsa hårt inte sant,
allt rörs upp som snön i de där glaskulorna

något hängivet
något oskuldsfullt
något självförglömmande
lite vattenfyllda spår

och sjunker till bottnen långsamt
sjunker tillbaka till bottnen och blir till

All bodies have their radiance
All bodies have a different radiance

and we take love with us wherever we go,
and I can't forget the poem about

the X-ray image of the unborn twins with the corona
My mushroom basket got left in the forest,

and my gloves. Sometimes the wind really starts to blow, doesn't it,
everything is stirred up like the snow in those glass globes

something devoted
something innocent
something self-effacing
a few watery footprints

and sinks to the bottom slowly
sinks back to the bottom and turns into

andra mönster långsamt

Ett barn säger god natt till sina nya

skridskor och björnmossans tusentals

små gröna stjärnor i mörkret

behöver nästan ingenting.

other patterns slowly

A child says good night to her new

skates and the bear moss with its thousands

of little green stars in the dark

needs almost nothing.

De vilda djuren strövar fritt och motsätter
sig räddning när de skadats
Vi känner igen deras spår i snön. Barnen
radar upp på golvet sina älgar, möss och
lodjur av plast och samtalar mumlande
med dem. De glömmer och springer
vidare till nya lekar, och djurens spår
försvinner i diset inåt skogen. Tassar,
klövar, blänk, tovigt dun.

The wild creatures roam freely and resist

being rescued when they are injured

We recognise their tracks in the snow. The children

line up their plastic elks, mice and lynxes

on the floor and hold mumbled discussions

with them. They forget and run on

to play new games, and the creatures' tracks

disappear in the fog towards the forest. Paws,

claws, glints, matted down.

Molnen gråten och dimman Vanessa

Rinner vatten längs kinderna halsen

Gråter tills gråten slutar att gråta

Mycket vatten och fiskarna simmar

Mycket drömmar och fiskarna simmar

Fiskarnas mamma och pappa är borta

Vatten och molnen och inget land

Fiskarna leker med andra fiskar

Fiskarna vill vara glada och simma

Sjön är bara en liten sjö

Fiskarna fryser när vattnet fryser

Blåser på vattnet och fiskarna simmar

Fiskarna simmar och vattnet blåser

The clouds the crying and fog Vanessa

Water trickles down cheeks and throat

Crying until the crying stops crying

Plenty of water and fishes swimming

Plenty of dreams and fishes swimming

The fishes' mamas and papas are gone

Water and clouds and nowhere land

The fishes play with other fishes

The fishes want to be happy and swim

The lake is only a little lake

The fishes freeze when the water freezes

Blowing on water and fishes swimming

Fishes swimming and water blowing

Vad är det för moln? Vad är det för dimma? Rinner
det regn längs halsen? Rinner det tårar längs halsen?
Drömmer fiskarna? Drömmer fiskarna att de simmar?
Leker fiskarna? Känner fiskarna med sina fjäll? Blir
fiskarna glada? Förfryser fiskarna? Vad händer med
fiskarna då? Dör fiskarna? Får fiskarna liv på nytt om
våren? Är det vår nu? Känner fiskarna vinden? Vart
simmar fiskarna? Har fiskarna mamma och pappa?
Vart tog fiskarnas mamma och pappa vägen? Är de
fiskarna man tänker dränka? Hur mycket vatten är
mycket vatten? Vad för land söker man? Till vilket
land vill man simma? Får vinden vattnet att krusas?
Gör vinden vågor? Är det samma vatten hela tiden?
Vem är Vanessa? Var är Vanessa? Tittar Vanessa ner
i vattnet? Ser Vanessa fiskarna? Drömmer Vanessa?
Gråter Vanessa över fiskarnas öde? Saknar Vanessa sin
mamma och pappa? Leker Vanessa med fiskarna? Vill
Vanessa vara glad? Vill Vanessa vara en sjö? Är Vanessa

What sort of clouds are those? What sort of fog is that? Does rain
trickle along the neck? Do tears trickle along the neck?
Do the fishes dream? Do the fishes dream that they're swimming?
Do the fishes play? Do the fishes feel with their scales? Are
the fishes happy? Do the fishes freeze? What happens to
the fishes then? Do the fishes die? Do the fishes come back to life
in spring? Is it spring now? Do the fishes feel the wind? Where
do the fishes swim to? Do the fishes have mamas and papas?
Where did the fishes' mamas and papas go? Are these
the fishes that were going to be drowned? How much water is
a lot of water? What sort of land are you looking for? What
land do you want to swim to? Does the wind make the water curl?
Does the wind make waves? Is the water always the same?
Who is Vanessa? Where is Vanessa? Does Vanessa look down
into the water? Does Vanessa see the fishes? Does Vanessa dream?
Does Vanessa cry about the fishes' fate? Does Vanessa miss her
mama and papa? Does Vanessa play with the fishes? Does
Vanessa want to be happy? Does Vanessa want to be a lake? Is Vanessa

rädd att förfrysa? Vad händer med Vanessa när det blåser? Simmar Vanessa med fiskarna? Är Vanessa ensam? Hur känns dimma? Hur känns moln? Hur känns vatten? Hur känns drömmar? Hur känns det när mamma och pappa är borta? Hur känns det att leka? Hur känns det att förfrysa? Hur känns det att vara en fisk? Hur känns det att vara Vanessa? Varför ser jag på molnen? Vad gråter jag för? Vart simmar jag? Vad drömmer jag? Var är min mamma och pappa? Vem vill jag leka med? Vad gör mig glad? När förfrös jag? Vad gör vinden med mig? En hurdan fisk är du? Vem är din mamma och pappa? I en hurdan sjö vill du leka? Vad vill du drömma om? Vad gör dig glad? Vad får dig att gråta? Vad får dig att förfrysa? Vart simmar du? Vad gör du när det verkligen blåser? Är det sjön du drömmer om? Är sjön den sjö där det strömmar? Är sjön den sjö där det finns en holme? Är sjön den sjö där bryggan har sjunkit? Är sjön den sjö på vars strand månskensliljorna landade? Är sjön den sjö där Vanessa landade? Är sjön den sjö vid vars strand jag stannade och höll för ögonen? Är sjön den sjö vid vars strand du stannade och höll för ögonen?

afraid of freezing? What happens to Vanessa when it's really windy?
Does Vanessa swim with the fishes? Is Vanessa lonely? What
does fog feel like? What do clouds feel like? What does water
feel like? What do dreams feel like? What does it feel like
when mama and papa are gone? What does it feel like to play?
What does it feel like to freeze? What does it feel like to be
a fish? What does it feel like to be Vanessa? Why do I look at
the clouds? What am I crying for? Where am I swimming to?
What am I dreaming? Where are my mama and papa?
Who will I play with? What makes me happy? When
did I freeze? What's the wind doing to me? What kind of fish
are you? Who are your mama and papa? What kind of lake
do you want to play in? What do you want to dream about?
What makes you happy? What makes you cry? What makes you
freeze? Where are you swimming to? What do you do when it's
really windy? Is it the lake you dream about? Is the lake that
lake where there are currents? Is the lake that lake where
there's an island? Is the lake that lake where the jetty has sunk?
Is the lake that lake on whose shore the moonlight lilies
landed? Is the lake that lake where Vanessa landed? Is the lake
that lake on whose shore I stopped and covered my eyes?
Is the lake that lake on whose shore you stopped and covered

Är sjön den sjö där jag sjönk till bottnen? Är sjön
den sjö där du sjönk till bottnen? Är sjön den sjö
där jag lärde mig simma? Är sjön den sjö där du
lärde dig simma? Är sjön den sjö där det heta vattnet
bubblade? Är Vanessa en sjö?

your eyes? Is the lake that lake where I sank to the bottom? Is the lake that lake where you sank to the bottom? Is the lake that lake where I learned to swim? Is the lake that lake where you learned to swim? Is the lake that lake where the hot water bubbled? Is Vanessa a lake?

III

Alla har bråttom, skriver Sirkka

men det lönar sig inte käraste vän

och det snöar i drömmen oavbrutet,

det snöar på de små stationerna

Röken av brinnande skräp i blåsten, fjädrar

och skal, den lilla glasfiberbåten drev utåt holmarna

Hjärtat är skadat och vill sova, det snöar genom

hjärtat som blev en hare i skogen.

Du går genom de ljusa rummen och de mörka rummen

En liten flicka leker verkstad, det betyder att man

reparerar saker som gått sönder

Hon sjunger för sig själv att alla kroppar har

olika mörker och glans

Hon sjunger Sakta alltid, sakta framåt

Everyone is in a hurry, writes Sirkka

but it's not worth it dearest friend

and in the dream it snows incessantly,

it snows on the little stations

The smoke of burning rubbish in the wind, feathers

and straws, the little fibreglass boat drifted out to the islands

The heart is damaged and wants to sleep, the snow falls through

the heart that turned into a hare in the forest.

You walk through the bright rooms and the dark rooms

A little girl is playing workshop, that means

mending things that are broken

She sings to herself that all bodies have

different darkness and radiance

She sings Slowly always, slowly forward

De vilda djuren motsätter sig

räddning: svanen jag höll i min famn,

den gröna skalbaggen på en balkong av

cement, den lilla katten. Allt vad vi

håller kärt och den enkla avsikten att

glädja någon med något som kostar

ingenting. Den lilla flickan stod vid ett bord

och målade med vattenfärger en

mamma som plockar äpplen,

en soptunna och många slags blad

"Man ska vara snäll mot andra för ingen vill dö"

Vi härmar fåglarnas rörelser i drömmen:

med sådana vingar kan man inte flyga

med sådana fötter kan man inte gå

The wild creatures resist
rescue: the swan I held in my arms,

the green beetle on a concrete
balcony, the little cat. All that we

hold dear and the simple intention of
pleasing someone with something that costs

nothing. The little girl stood at a table
and painted with watercolours a

mother picking apples,
a rubbish bin and many kinds of leaves

"We must be nice to other people for no one wants to die"
We mimic the birds' movements in our dreams:

with wings like those you cannot fly
with feet like those you cannot walk

Vatten rinner längs halsen, stjälkarna
ner genom vattnet

Näckrosor ner genom vattnet
Förtöjningar kanske, det blåser hårt

Water trickles along the neck, the stalks
down through the water

Waterlilies down through the water
Moorings maybe, it's blowing hard

Något med att gå åt ett annat håll och hur man
använder en stjärnkarta

Helst ska du fara långt från stadens ljus

Helst ska det vara så lite moln och månsken som möjligt

Minns att ta varma skor och kläder

Something about going a different way and how to
use a star map
Preferably you will go far away from the city lights
Preferably there will be as little cloud and moonlight as possible
Remember to take warm shoes and clothes

Men inte ett ord mer om
sparven som faller

But not another word about

the sparrow falling

Nästa kapitel heter jag
vet inte vad du drömmer och
jag håller dig i min famn.
Du var den jämna varma vinden som
blåser genom hjärtat. Allt som var
underbart. Där vår skatt är, där
kommer vårt hjärta att vara.
Vi gick genom det höga gräset och
simmade i vattnet med fiskarna.
Lilla modiga kamrat.

The next chapter is called I

don't know what you dream and

I hold you in my arms.

You were the steady warm wind that

blows through the heart. Everything that was

wonderful. Where our treasure is, there

our heart will be.

We walked through the tall grass and

swam in the lake with the fishes.

Brave little companion.

IV

Om att lära sig och inte glömma

En tvättbjörn kan skruva locket av en burk och vrida
ner handtaget och öppna en dörr. Det finns många
kloka och underbara djur. I fångenskap glömmer
de och ser på oss med sina stora nattaktiva ögon.
Jag vet att när olyckan drabbar oss och tar det mest
älskade tänker en människa inte många tankar.
Varför just hon som var liten, varför inte jag. Man
tänker så ständigt, av allt sitt hjärta hela sin själ och
allt sitt förstånd. Man fortsätter bläddra i tidningen
i hopp om nyheter från andra länder där små flickor
går till skolan med blommiga ryggsäckar och
klistermärken och telefoner och spårvagnen fylls av
ett högt kvitter.

On learning and not forgetting

A raccoon can unscrew the lid off a jar and pull
the handle down and open a door. There are many
wise and wonderful creatures. In captivity they
forget and look at us with their large night-active eyes.
I know that when misfortune strikes us and takes what we
love most, a person doesn't think many thoughts.
Why did it have to be her, who was little, why not me. You
think so persistently, with all your heart all your soul and
all your reason. You continue to thumb through the newspaper
in the hope of news from other countries where little girls
go to school with flowery rucksacks and stickers and mobile
phones and the tramcar is filled with a loud twitter.

Om att lära sig och inte glömma

När de frågade W.H. Auden om poesin kan
förändra samhället sa han nej, kan poesin förändra
människonaturen, nej sa W.H. Auden. Men vad kan
dikterna göra då? Tillåta oss att umgås med de döda,
sa W.H. Auden, påminna oss om att glädjas en smula
åt livet eller åtminstone uthärda lite bättre, hålla oss
sällskap en stund.

On learning and not forgetting

When they asked W.H. Auden if poetry can
change society he said no, can poetry change
human nature, no said W.H. Auden. But then what
can the poems do? Allow us to commune with
the dead, said W.H. Auden, remind us to enjoy
life a bit or at least endure it a bit better, keep us
company for a while.

Om att lära sig och inte glömma

Jag gick in genom dörren och klädde av mig så
mycket som jag trodde hörde till. Ifall ni tatuerar
så här gamla människor, sa jag. En legitimation.
En fjäril, ett fjärilssnudd, en skugga, en huggorm, en
soluppgång, ett moln, en fisk som simmar, en fjäder,
en förmörkelse, en näckros, ett skratt, mellan natt
och regn, en inbillning, en intensivvårdsavdelning,
en hare, något söndrigt, en rök. En sjöflickslända, en
pudrad smaragdflickslända. Skriv vad du vill. Skriv
på min arm att vi vandrar i mörkret. Det finns en
förening för dem som vandrar i mörkret. Det var
något som hände, ett missförstånd som inte går att
reda ut. Vi söker varandra i världen i den tysta
motståndsrörelsen. Ett kännetecken bara, på min
vänstra underarm förkortat ett namn.

On learning and not forgetting

I walked in through the doorway and undressed as
much as I thought appropriate. In case you tattoo old
people like me, I said. An ID perhaps. A butterfly,
a butterfly's touch, a shadow, a viper, a sunrise, a cloud,
a swimming fish, a feather, an eclipse, a waterlily, a laugh,
between night and rain, a delusion, an intensive care unit,
a hare, something broken, some smoke. A bush cricket,
an assassin bug. Write what you like. Write on my arm that
we walk in darkness. There's a society for the people that
walk in darkness. There was something that happened,
a misunderstanding that can't be cleared up. We seek one
another in the world in the silent resistance movement.
Just a sign, on my left forearm abbreviated a name.

Om att lära sig och inte glömma

"Det enda sorgen har lärt mig är hur grund den är... Min
sons död, för drygt två år sedan, syns mig som om jag
förlorat en vacker egendom, – inte mer. Närmare kommer
jag inte. Om jag i morgon skulle nås av beskedet att mina
huvudsakliga gäldenärer gått i konkurs, skulle förlusten av
min egendom vara en stor olägenhet för mig, kanske för
många år; men den skulle lämna mig som den jag var, –
varken bättre eller sämre."

Ralph Waldo Emerson, 'Experience', *Essays II*

On learning and not forgetting

'The only thing grief has taught me, is to know how shallow it is... In the death of my son, now more than two years ago, I seem to have lost a beautiful estate, – no more. I cannot get it nearer to me. If tomorrow I should be informed of the bankruptcy of my principal debtors, the loss of my property would be a great inconvenience to me, perhaps, for many years; but it would leave me as it found me, – neither better nor worse.'

Ralph Waldo Emerson, 'Experience', *Essays II*

Tro inte att jag klandrar dig, Emerson. Strax efter din pojkes död skrev du om allt vad han rörde vid. På morgonnatten, förkrossad, i soluppgången när tupparna satte i gång att skräna. Nu säger jag redan: det var det året Vanessa dog. Ändå häpnade jag över vad du anser att sorgen lärde dig. "Närmare kommer jag inte." I fortsättningen nämner du inte din pojke och skriver endast om honom. Du sörjer över att ha förlorat också sorgen och alla olyckor är lika mycket värda. Det finns varken här eller där. Tupparna gal, allt flimrar och glittrar och man köper en ny kalender varje år.

Don't think that I blame you, Emerson. Just after

the death of your son you wrote about all he touched.

In the morning-night, heartbroken, at sunrise when

the cocks began to crow. Now I already say: it was

the year Vanessa died. Yet I was startled at what you

thought grief taught you. 'I cannot get it nearer to me.'

Later on you don't mention your son and write only

about him. You grieve about having lost even grief and

all misfortunes seem to be of equal value. There is neither

here nor there. The cocks crow, everything flickers and

glitters and one buys a new calendar every year.

Om att lära sig och inte glömma

En liten flicka med ämbar tittar rakt i kameran. Låt
barnen komma hit, säger hon, barnen är trötta och
kan inte gå så fort. Vi ska lära barnen att leka. Vi som
är stora kan hålla en bebis i famnen. Ingen behöver
sova och barnen får ha våra djur. Om ingen kommer
och hämtar får barnen komma till oss.

Fritt efter intervju på ett dagis i tv-nyheterna våren 2016

On learning and not forgetting

A little girl with a bucket looks straight into the camera. Let
the children come here, she says, the children are tired and
can't walk so fast. We'll teach the children to play. We who
are big can hold a baby in our arms. No one needs
to sleep and the children can have our pets. If no one comes
to pick them up the children can come to us.

Freely adapted from an interview at a kindergarten on the TV news, spring 2016

Om att lära sig och inte glömma

Kom tillbaka till det här rummet säger rösten, det
vackra rummet står tomt och det kommer att snöa
igen såsom det snöade på sjön och huset och den
lilla röda skottkärran vid trappan och kinderna och
ögonfransarna som lossnade och det blanka svarta
håret lossnade, dagarna blev långa och det lönar
sig inte, ingenting liknar sig, kom tillbaka säger den
vackra rösten, fyra tre två ett du kommer tillbaka
till det här rummet nu

On learning and not forgetting

Come back to this room says the voice, the
beautiful room stands empty and it's going to snow
again as it snowed on the lake and the house and the
little red wheelbarrow by the steps and the cheeks
and the eyelashes that came loose and the shiny black
hair came loose, the days grew long and it isn't worth
it, nothing is the same, come back says the
beautiful voice, four three two one you're coming back
to this room now

Om att lära sig och inte glömma

I somras var det fjärilar överallt, de stod som ett
moln över oreganon kring det fula trädgårdsbordet.
De var alldeles orädda, slog sig ner på min arm med
hopfällda vingar, en tunn mörk flaga som darrade,
det verkar höra till deras natur att darra och de hade
tydliga små ludna ansikten. Det var påfågelögon och
kålfjäril och åtta andra arter som jag kände igen från
planschen som vi tejpade upp på skåpdörren i köket.

On learning and not forgetting

This summer there were butterflies everywhere, they
stood like a cloud above the oregano around the ugly
garden table. They were completely unafraid, settled down
on my arm with wings folded together, a thin dark flake
that quivered, it seems to be a part of their nature to
quiver and they had clear little hairy faces. There were
peacock butterflies and cabbage moths and eight other
species that I recognised from the chart that we
taped to the closet door in the kitchen.

Kommentar

sid 50-57:

"Molnen gråten och dimman…" ingick i min diktbok *En kväll i oktober rodde jag ut på sjön* 2012.

Författaren Vilja-Tuulia Huotarinen utgick från texten i sin prosadikt "Mitä pilviä ne on?" *("Vad är det för moln?")* publicerad i det första numret av nätpoesitidskriften *Jano-lehti* 2013. Eftersom dikterna förhåller sig dialogiskt till varandra ville jag gärna, med tacksamhet mot Vilja-Tuulia Huotarinen sammanställa dem här, med min översättning av hennes finska dikt till svenska, i en annan tid och kontext.

TF

Notes

pp. 50-57:

'The clouds the crying and fog...' was included in my collection *One Evening in October I Rowed Out on the Lake* (2012; English translation, 2015).

The writer Vilja-Tuulia Huotarinen spontaneously wrote her prose poem 'Mitä pilviä ne on?' *('What Sort of Clouds Are Those?')* in response to 'The clouds the crying and fog...' This was published in the first issue of the Finnish-language internet poetry magazine *Jano-lehti* in 2013. Working on the poems in *I walked on through the forest*, about the child no longer present, I wanted to include the two dialogue-like poems here, in a different time and context from when they were written. The translation of Vilja-Tuulia Huotarinen's poem from Finnish to Swedish was mine, while David McDuff used the Finnish original. I want to express my warm thanks to Vilja-Tuulia Huotarinen for giving her poem to be included in this book.

TF

David McDuff was born in 1945, and attended the University of Edinburgh, where he studied Russian and German. After living for some time in the Soviet Union, Denmark, Iceland, and the US, he eventually settled in the UK, where he worked for several years as a co-editor and reviewer on the literary magazine *Stand*. He then moved to London, where he began his career as a literary translator.

McDuff's translations include both poetry and prose, including poems by Joseph Brodsky and Tomas Venclova, and novels including Karin Boye's *Kallocain* and Fyodor Dostoyevsky's *Crime and Punishment*, *The Brothers Karamazov*, and *The Idiot* (all four in Penguin Classics). He has published several translations with Bloodaxe, including books by Irina Ratushinskaya and Marina Tsvetaeva (from the Russian), Pia Tafdrup (Danish), Karin Boye and Edith Södergran (Swedish), and Gösta Ågren, Tua Forsström and Mirjam Tuominen (Finland Swedish), as well as the anthology *Ice Around Our Lips: Finland-Swedish Poetry* (1989). His translation of the Finnish-language author Tuomas Kyrö's 2011 novel *The Beggar and the Hare* was published by Short Books in 2015.

His literary awards include the 1994 *TLS*/George Bernard Shaw Translation Prize for his translation of Gösta Ågren's poems, *A Valley in the Midst of Violence,* published by Bloodaxe, and the 2006 Stora Pris of the Finland-Swedish Writers' Association (Finlands svenska författareförening), Helsinki. He was honoured with the Finnish State Award for Foreign Translators in 2013, and the Swedish Academy's Interpretation Prize 2021.

From 2007 to 2010, he worked as an editor and translator with Prague Watchdog, the Prague-based NGO which monitored and discussed human rights abuses in Chechnya and the North Caucasus.